AF224767

ÉLOGE DE VIÈTE

—

DISCOURS

PRONONCÉ

A LA DISTRIBUTION SOLENNELLE DES PRIX

DU LYCÉE IMPÉRIAL DE POITIERS

le 10 août 1867

SUIVI

D'UNE NOTE RELATIVE AU CALENDRIER DE VIÈTE

PAR

M. ALLÉGRET

Docteur ès sciences, professeur de mathématiques spéciales au Lycée.

—⟡—

POITIERS,
IMPRIMERIE DE A. DUPRÉ
RUE DE LA MAIRIE, 10.

—

1867

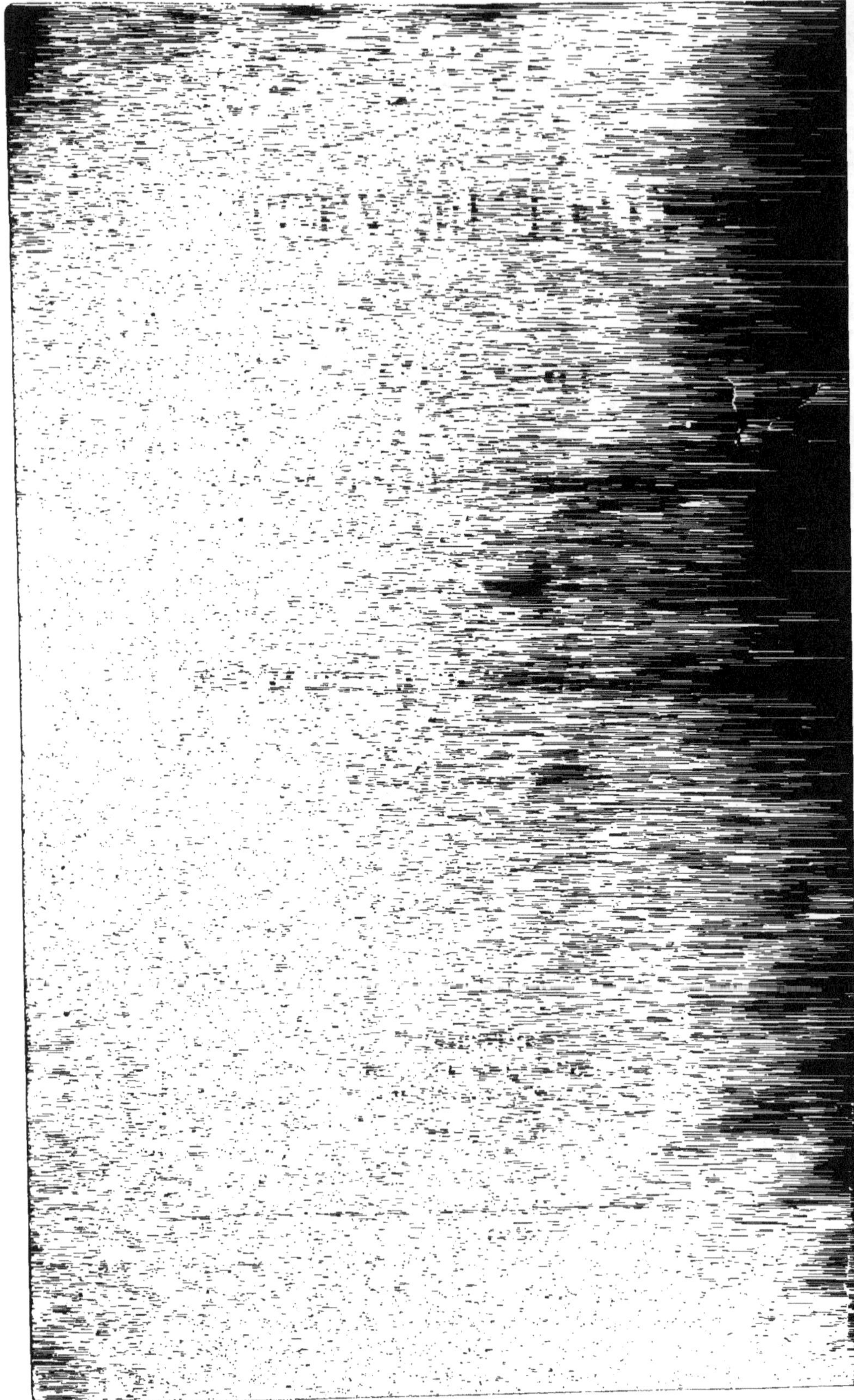

ÉLOGE DE VIÈTE

DISCOURS

PRONONCÉ

A LA DISTRIBUTION SOLENNELLE DES PRIX

DU LYCÉE IMPÉRIAL DE POITIERS

le 10 août 1867

SUIVI

D'UNE NOTE RELATIVE AU CALENDRIER DE VIÈTE

PAR

M. ALLÉGRET

Docteur ès sciences, professeur de mathématiques spéciales au Lycée.

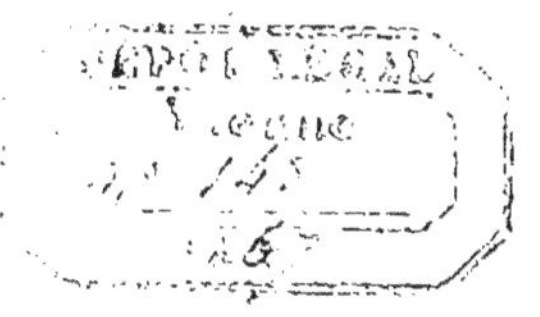

POITIERS,
IMPRIMERIE DE A. DUPRÉ
RUE DE LA MAIRIE, 10.

1867

ÉLOGE DE VIÈTE

DISCOURS

PRONONCÉ

A LA DISTRIBUTION SOLENNELLE DES PRIX

DU LYCÉE IMPÉRIAL DE POITIERS

le 10 août 1867

SUIVI D'UNE NOTE RELATIVE AU CALENDRIER DE VIÈTE

Monsieur le Recteur,

Messieurs,

Pour répondre de mon mieux à l'honneur que me fait le chef aimé et vénéré de notre Académie, en me donnant aujourd'hui la parole dans cette solennelle assemblée, j'ai pensé que vous ne me sauriez pas mauvais gré de vous entretenir quelques instants d'un savant du Poitou, François Viète, qui fut, sans contredit, le plus illustre mathématicien du xvie siècle. Il me serait difficile, en vous parlant de l'un de nos grands géomètres français, de ne pas essayer d'examiner devant vous, en les résumant en quelques mots, les travaux qui sont ses titres à notre admiration et le fondement de sa gloire. Malgré l'aridité des détails abstraits où je me laisserai peut-être entraîner, et pour lesquels je réclame votre indulgence, je compte un peu, je l'avoue, pour soutenir votre attention, sur l'intérêt que vous aimez à apporter aux choses du passé et à ce qui peut rehausser l'éclat et le renom littéraire de cette ancienne province.

Né à Fontenay-le-Comte, en 1540, d'une famille modeste et aisée, François Viète se distingua tout d'abord par des études brillantes et rapides. Non-seulement il avait terminé à vingt ans ses examens de droit à Poitiers, mais il était déjà pourvu à cet âge du titre d'avocat. Un an après, sa capacité était tellement constatée et sa réputation si bien établie, qu'on lui confiait, entre autres affaires importantes, la liquidation des fermages du Poitou affectés au douaire de la veuve de François I⁰ʳ, Éléonore d'Autriche, qui venait de mourir en Espagne.

Cette précocité d'esprit n'était pas rare au XVIᵉ siècle. Elle tenait sans doute à l'ardeur singulière que les jeunes écoliers apportaient alors à l'étude des lettres. Pour vous en donner une idée, permettez-moi de vous rappeler ce qu'on lit dans les Mémoires de Henri de Mesmes, magistrat contemporain de Viète, sur la manière dont on étudiait dans ce temps-là.

« L'an 1545 (Henri de Mesmes était alors âgé de
» 13 ans), je fus envoyé à Toulouse pour étudier en lois,
» avec mon précepteur et mon frère, sous la conduite
» d'un vieil gentilhomme tout blanc, qui avait long-
» temps voyagé par le monde. Nous fûmes trois ans au-
» diteurs en plus étroite vie et pénibles études que ceux
» de maintenant ne voudraient supporter. Nous étions
» debout à quatre heures et ayant prié Dieu, allions à
» cinq heures aux études, nos gros livres sous le bras,
» nos écritoires et nos chandeliers à la main. Nous
» oyons toutes les lectures jusques à dix heures son-
» nées sans intermission. Puis nous venions dîner,
» après avoir en hâte conferé demie heure sur ce

» qu'avions écrit des lectures. Après dîner, nous lisions
» par forme de jeu Sophocles, ou Aristophanes, ou Euri-
» pides, et quelquefois Démosthènes, Cicero, Virgilius,
» Horatius. A une heure aux études, à cinq au logis, à
» répéter et voir dans nos livres les lieux allégués,
» jusques après six. Puis nous soupions et lisions en
» grec ou en latin. Les fêtes, à la grand'messe et à
» vêpres. Au reste du jour un peu de musique et de
» pourmenoir. Quelquefois nous allions dîner chez les
» amis paternels, qui nous invitaient plus souvent qu'on
» ne nous y voulait mener. »

Voilà, Messieurs, comment on étudiait le droit à
Toulouse et probablement à Poitiers, au milieu du
XVIe siècle. C'était vers ce temps que le célèbre père de
Pantagruel, traçant à son fils un programme d'études,
terminait ses pressantes exhortations par ce mot :
En somme, mon fils, que je te voie un abîme de
science. Bien des pères lui ressemblaient en ce point,
témoin ce seigneur de Montaigne qui donnait à son
fils un précepteur en même temps qu'une nourrice,
et obligeait dans son château, *par une règle inviolable,*
sa femme et ses domestiques à *jargonner* en latin avec
le jeune Michel.

Viète subit à un haut point cette influence des idées
de son temps. On voit par ses ouvrages qu'il s'était
surtout passionné pour l'étude du grec et qu'il avait
appliqué à la lettre ce précepte d'Horace :

> . . . . Vos exemplaria græca
> Nocturna versate manu, versate diurna !

Les auteurs qui captivèrent le plus le jeune avocat
de Fontenay, dont les œuvres faisaient ses délices et
l'objet de ses constantes méditations, étaient surtout

ces illustres et immortels savants de l'ancienne Grèce qu'on nomme Euclide, Archimède, Diophante et Ptolémée. Toutes les inventions de ces hommes de génie lui furent bientôt familières. Il put même restituer plutard quelques-uns de leurs ouvrages emportés par le temps, et accroître encore les précieuses richesses qu'ils nous ont léguées et qui ont été respectées par les siècles.

Avec ce goût si vif pour le grec et les mathématiques, on comprend que le jeune avocat poitevin dût se trouver à l'étroit au barreau de Fontenay, et qu'il brûlât du désir de se montrer sur un plus grand théâtre. Il s'éloigna des affaires et de sa ville natale pendant sept années de sa jeunesse (1567-1574), et se rendit à Paris auprès de son cousin Barnabé Brisson, membre influent et distingué du Parlement. Le séjour de la capitale lui permit de se lier avec les savants alors en réputation, et de se perfectionner encore dans les mathématiques, où son goût devait surtout le pousser. Il amassa ainsi lentement et en silence les matériaux qu'il réunit plus tard avec la force et la sûreté du génie pour construire un monument impérissable. Cette partie de la vie de notre savant poitevin correspond à une époque fort troublée de notre histoire politique. Il fut loin d'être indifférent aux agitations et aux violences de son temps, et faillit même en devenir une fois la victime. Il échappa au péril dont sa vie était menacée par l'appui et la protection de deux femmes célèbres et courageuses du Poitou, Catherine Larchevêque de Parthenay et Françoise de Rohan (1). Viète conserva pour elles une pro-

---

(1) Quæ in infelicissimis temporibus beneficia in me contulistis infinita sunt. Quid enim memorem vos ex grassatorum vinculis

fonde reconnaissance. Il avait surtout pour Catherine de Parthenay une affection et une admiration sans bornes. Celle qui, tenant tête à Richelieu, fut plus tard l'héroïne du siége de la Rochelle, non-seulement écrivait dans sa jeunesse des tragédies, comme *Judith et Holopherne*, mais s'était aussi fortement appliquée à l'étude des mathématiques. Capable de comprendre et d'apprécier le talent de Viète, elle le soutint et l'encouragea constamment dans ses recherches et dans ses travaux. Le nom de cette femme éminente par les qualités de l'esprit et du cœur revient souvent dans les écrits de notre savant, qui aimait à lui rapporter, comme à une déesse bienfaisante (*diva Melusinis*), ses meilleures inspirations (1).

Au milieu des vicissitudes des partis et des crimes abominables auxquels la religion servait de prétexte, et dont Viète fut le témoin, notre savant se sentit peu à peu attirer vers les idées de tolérance religieuse, qui commençaient dès lors à se faire jour, et qui, en inspirant plus tard le célèbre édit de Nantes, ont inauguré dans notre pays la liberté de conscience. On s'explique ainsi assez bien quelques particularités de la vie publique du savant magistrat. Après avoir passé six ans à Renne, en qualité de conseiller du Parlement de Bretagne, et avoir éprouvé dans ce poste de

et faucibus Orci eripuisse me, ac denique vestra sollicitudine et munificentia toties adjuvisse, quoties ærumnæ meæ et infortunia vos monuerunt? Omnino vitam, aut si quid mihi vita carius est, vobis debeo. (Vietæ opera, préface.)

(1) Tibi autem, o diva Melusinis, omne præsertim mathematices studium, ad quod me excitavit tum tuus in eam amor, tum summa artis illius quam tenes peritia, immo vero numquam satis admiranda in tuo tamque regii et nobilis generis sexu encyclopedia. (Vietæ opera, préface).

graves difficultés dont il triompha cependant, il fut nommé en 1580, par l'appui des Rohan et le crédit de Barnabé Brisson, maître des requêtes du roi Henri III. Cette charge lui fut ensuite ravie, lors de la recrudescence formidable de la Ligue en 1584, après la mort du duc d'Anjou. Il rentra ainsi par force dans la vie privée, et ne put en sortir, malgré deux pétitions curieuses présentées en sa faveur au roi Henri III et à Catherine de Médicis, en mars et avril 1585, par le roi de Navarre, qui le prit dès ce moment sous sa protection. Ces démarches furent sans résultat immédiat ; mais lorsqu'en 1589 Henri III constitua auprès de lui un nouveau Parlement à Tours, Viète fut un des premiers à se rendre à l'appel du souverain. Il put ainsi assister et peut-être même concourir à la réconciliation des deux Henri, qui eut lieu dans cette mémorable année. A partir de ce moment, la fortune de Viète suivit celle de son puissant protecteur Henri IV, qui le nomma membre de son conseil privé en 1594, lors de sa rentrée dans la capitale.

On ne peut douter que, dès avant l'avénement du nouveau roi, Viète ne fût en possession des principales découvertes dont il a enrichi les mathématiques, bien que les ouvrages où elles sont consignées soient presque tous postérieurs à cette époque. La réputation de son savoir et de la pénétration de son esprit était déjà si grande, que, vers les premières années du règne de Henri IV, ce souverain eut recours à lui dans une circonstance intéressante qui mérite d'être rappelée. On venait d'intercepter plusieurs dépêches espagnoles importantes, écrites avec des caractères inconnus, au nombre de 500 environ, assemblés entre eux suivant un ordre et une méthode qui semblaient impénétrables.

On les apporta à Viète de la part du roi , avec mission de déchiffrer un pareil grimoire. Notre savant en vint à bout, et, grâce à lui, la politique étrangère n'eut plus de secret pour Henri IV. Lorsque les Espagnols apprirent plus tard , à n'en pouvoir douter, que nous avions découvert le secret de leur correspondance, ils furent convaincus , tant la chose leur parut extraordinaire , que nous avions eu recours, pour y arriver , à la magie et aux sortiléges. Ils dénoncèrent en conséquence Henri IV au Pape, et voulurent l'obliger à venir se justifier à Rome de ses horribles maléfices. Le prince, qui avait alors beaucoup d'autres affaires, ne se pressa pas de se rendre à cet appel. Viète reçut, à cette occasion, des lettres de noblesse et fut nommé *interprète et déchiffreur* du roi. Les services qu'il avait rendus à la cour lui coûtèrent cependant peu de peine. Notre savant se contentait à la fin de transmettre les dépêches à son secrétaire, qui était devenu en peu de temps , par les leçons de Viète, assez habile pour le remplacer.

L'illustre historien de Thou raconte que l'application de Viète au travail allait si loin, qu'on le vit quelquefois rester jusqu'à trois jours de suite, sans repos ni sommeil, auprès de sa table de travail, la tête appuyée sur le coude. Entièrement plongé dans ses méditations , il se dérangeait à peine pour réparer par quelques aliments pris à la hâte ses forces épuisées.

Un fait qui se rattache à la vie scientifique de Viète, et que je vais vous raconter, révèle en même temps l'estime dont Henri IV honorait son savant conseiller. Ce roi montrait un jour à Fontainebleau à l'ambassadeur de Hollande les curiosités et les splendeurs du palais, et l'entretenait en même temps de quelques-unes des célébrités de son royaume. L'ambassadeur se permit de faire une réserve aux éloges du roi. Sire, dit-il, vous n'avez pas cependant de mathématicien dans ce pays. Un géomètre flamand nommé Adrien Romanus vient de publier un ouvrage dans lequel il défie tous les savants de l'Europe de résoudre un problème qu'il leur propose, et de tous les mathématiciens de notre temps cités dans son livre, je n'en ai trouvé aucun qui fût Français. « Si fait, si fait, » répondit vivement le roi, « nous en avons un excellent ; qu'on aille quérir M. Viète. » On soumit à notre savant, qui avait suivi la cour à Fontainebleau, le problème de Romanus. Pour tout autre que pour le sagace Fontenaisien, l'énigme eût paru embarrassante. Il ne s'agissait de rien moins que de résoudre une équation du 45e degré, renfermant 24 termes, dont l'un est arbitraire et dont les autres sont multipliés par des nombres, la plupart de 9 chiffres, c'est-à-dire de plusieurs centaines de millions d'unités.

Viète, après avoir examiné attentivement cette équation, eut le plaisir de retrouver une ancienne connaissance. C'était une de ces nombreuses équations auxquelles donne lieu la division des arcs de cercle en parties égales, et qu'il avait particulièrement étudiées. Il aperçut aussitôt la solution qui faisait seule l'objet du problème d'Adrien Romanus ; et Viète constata son triomphe en s'appliquant, avec une légère variante, un vers du poëte romain :

Ut *legi*, ut *solvi, nec* me malus abstulit error (1) !

« J'ai résolu, en le lisant, le problème d'Adrien Romanus, et sans qu'aucune erreur ne m'ait troublé l'esprit. » Mais ce qu'il y eut de plus piquant fut la

____

(1) Vietæ opera, p. 305.

remarque de Viète que ce problème admettait vingt-deux autres solutions auxquelles le bon Romanus n'avait pas songé. Lorsque l'écrit que notre savant publia à ce sujet fut parvenu à Romanus, qui habitait alors la ville de Wurtzbourg, en Franconie, l'admiration de ce dernier pour le génie et l'incontestable supériorité du géomètre français fut telle, qu'il se résolut à partir sur-le-champ pour Paris, afin de voir de près cet homme prodigieux. Au moment où Romanus arriva dans notre capitale, Viète, par un contre-temps fâcheux, venait précisément d'en sortir pour aller rétablir par l'air natal une santé déjà chancelante. Il ne s'agissait que de faire encore un peu plus de cent lieues pour approcher du grand homme. Le géomètre flamand n'hésita pas ; il partit pour Fontenay, où Viète accueillit affectueusement son enthousiaste admirateur. Il le retint auprès de lui six semaines, et nos deux savants, après avoir résolu pendant ce temps bien des problèmes de géométrie et d'algèbre, ne se quittèrent pas sans peine. Viète voulut lui-même reconduire Romanus à ses frais jusqu'à la frontière du pays.

C'est peu de temps après cette entrevue qu'il faut placer une querelle assez vive que notre savant Poitevin eut avec un des plus grands érudits du siècle. Joseph Scaliger venait de publier un in-folio sur la géométrie, où il exposait sa nouvelle découverte de la quadrature du cercle. Ce savant estimable, mais qui n'avait pas le défaut d'être trop modeste, tançait vertement Archimède dans sa préface et dans son livre. « Que les jeunes gens, » disait-il, « se défient de cet auteur ; il est rempli d'écueils, et j'ai reconnu dans ses ouvrages beaucoup d'erreurs et d'absurdités. » L'accusation était grave. Scaliger passait alors pour un oracle, et il n'était pas aisé de le contredire. Viète eut cependant cette audace. « C'est à tort que j'entends plaindre Archimède des blessures que lui ont faites nos nouveaux géomètres, » dit-il au commencement de sa réponse à la cyclométrie de Scaliger. « Les traits lancés contre lui sont sans force et ne l'ont pas même atteint. Archimède vit encore (1). » En quelques pages nettes et décisives, le savant mit ensuite à néant les laborieux arguments de Scaliger. *La colère du roi, comme dit Salomon, est terrible* (2). Le prince de Vérone, peu endurant, éclata en railleries, en invectives et en menaces. Cet océan d'érudition, comme on l'appelait alors, ignorait, paraît-il, la valeur de son nouvel adversaire (3). Grâce cependant à l'intervention d'un ami commun, le célèbre de Thou, on parvint enfin à le calmer. Il revint même un peu sur ses pas, et, depuis ce temps, on assure qu'il conserva *en secret* beaucoup d'estime et de vénération pour Viète (4).

Notre géomètre eut, vers la fin de sa vie, une autre contestation plus grave, qui ne se termina pas si heureusement et dut attrister beaucoup ses derniers jours. La grande réforme du calendrier proposée par Grégoire XIII venait d'être adoptée par tous les États catholiques de l'Europe. Son but principal était de satisfaire d'une manière irrévocable aux conditions imposées en l'an 326, par le concile de Nicée, pour la célé-

(1) ... Jam ab iis sauciatum deflent Archimedem. Sed vivit Archimedes. (Vietæ opera, p. 437.)

(2) La Fontaine.

(3) Vir generosus tunc Vietam ignorabat. (De Thou.)

(4) In arcano præcipuam erga Vietam reverentiam servavit. (De Thou.)

bration de la fête de Pâques, fixée, comme on sait, au dimanche qui suit la première pleine lune du printemps. Les règles de ce calendrier relatives à la détermination des nouvelles et pleines lunes ont paru à quelques auteurs, et notamment à Viète, moins heureusement imaginées que celles qui assurent le retour des saisons aux mêmes jours de l'année. Elles avaient été proposées et soutenues par un jésuite allemand, nommé Christophorus Clavius, auteur jouissant alors d'une grande réputation, surtout à Rome. Entre autres défauts fort graves, Viète reprochait au calendrier de Clavius de supputer tous les quatre ans à peu près un mois lunaire de trente et un jours. Le savant français, pour montrer qu'on pouvait éviter cet inconvénient et les autres qu'il avait signalés, fit un nouveau calendrier propre à remplacer celui de Clavius, et dans lequel toutes les lunaisons, calculées avec une exactitude suffisante, sont alternativement de 29 et de 30 jours, sans dépasser ces limites de durée. Les règles qui permirent à Viète d'atteindre à ce résultat sont très-ingénieuses et d'une telle simplicité qu'on peut en un instant, au moyen de ses tables et de son calendrier, résoudre toutes les questions relatives aux phases de la lune pour des époques éloignées, et éviter néanmoins les difficultés que Clavius avait cru et ne cessa de croire invincibles. Le savant Poitevin ne s'en tint pas là ; il conçut le projet, d'une exécution plus difficile, de faire agréer par le nouveau pape Clément VIII son nouveau calendrier, qu'il appelait le vrai calendrier grégorien, parce qu'il répondait fidèlement, selon lui, aux vues de Grégoire XIII. En vain son ami de Thou essaya-t-il de l'ébranler dans sa résolution. L'habile diplomate connaissait la prudente et sage lenteur de la cour romaine : « Je prévoyais bien, » dit-il, « qu'elle ne reviendrait pas sur une décision aussi récente et qui n'avait pas été prise sans de longues et sérieuses délibérations ; car on tient là pour un des secrets de l'art de gouverner de ne jamais, en quoi que ce soit, avouer qu'on s'est mépris, ou qu'on aurait pu mieux faire (1). » L'écrit de Viète ayant fait quelque bruit, on dut s'en occuper à Rome. Le saint-office eut recours à sa procédure habituelle. Il instruisit secrètement (*indicta causa*) cette grave affaire, et Clavius, juge et partie dans ce débat, se fit confier le soin d'en faire le rapport (2). Les voyages de Viète, les démarches qu'il fit et fit faire auprès des cardinaux et du légat du pape n'aboutirent pas à un résultat heureux pour lui. Cet insuccès et les avanies qui furent à ce sujet infligées à l'illustre savant français durent lui être extrêmement pénibles, et peut-être même contribuèrent-ils à abréger sa noble et trop courte existence. Être le protégé, l'ami de Henri IV, et se faire battre par un jésuite d'Allemagne ; être un magistrat français, et se voir condamner contre les règles du droit civil et du droit canon ! plus que tout cela, être Viète et être repris d'erreur en géométrie par Clavius ! voilà ce que notre savant Poitevin dut souffrir. Ce ne fut pas, cependant, sans faire entendre une protestation vigoureuse contre son accusateur. Je me contenterai, pour

(1) Quippe qui animo providerem emendationem apud principes christianos affectatione tanta insinuatam, et per pensationes postremo receptam non facile vel in melius mutaturos eos qui ulla in re errasse aut errare posse ne fateantur, pro imperii arcano ducunt. (De Thou.)

(2) Non autem erat æquum indicta causa reum condemnari.... neque potuit is doctor in re propria licentiam sibi tribuere sententiæ. (Vietæ opera, p. 542.)

vous en donner une idée, de vous citer un passage de
cet écrit, le dernier sorti de la plume de notre auteur.

« Sans égard, dit Viète, pour aucune considération
» divine ou humaine, Clavius, abusant de la faveur
» dont il jouit auprès du Saint Pontife, me calomnie
» et cherche à me déshonorer. Il déclare par des let-
» tres envoyées à diverses personnes qu'il m'a entière-
·» ment confondu dans un ouvrage qu'il doit bientôt
» publier. Que signifie cette insolente bravade ? Hé
» quoi, Clavius, est-il donc en ton pouvoir de me
» rendre coupable de toutes les erreurs qu'il te
» plaira de m'imputer ? Que l'ouvrage que tu annonces
» paraisse, et si Dieu le permet, je montrerai, non
» pas demain, mais à l'instant même, la vanité de
» tes efforts (1) ! »

Dieu, Messieurs, n'a pas exaucé ce souhait du savant
irrité. Viète est mort (2) sans connaître les erreurs
graves que lui reprochait Clavius et qui furent la cause
principale de sa condamnation à Rome. Les critiques
du savant jésuite, son adversaire, n'ont été publiées
que plus tard, sans aucun ménagement pour une
tombe illustre et respectable. Elles furent de plus
suivies d'autres écrits pleins d'amertume et injurieux
contre sa mémoire. L'ami de notre savant poitevin,

(1) Nulla tamen divini et humani juris habita ratione, Clavius
calumniatur, ut meo nomini et famæ apud Summum Pontificem
detrahat pro ea, qua apud eum valet gratia. Pluribus autem, quas
ad plures, conscribit literis significat se meum libellum plane refu-
tasse in libro novæ restitutionis Kalendarii, aliquando, si Deo pla-
cuerit, in lucem emittendo. Quæ ista contumelia est, Clavi, quæ
insolens et vana jactantia! An ideo si conatus es, ut pro tuo jure
potes, meum libellum refutare, tu refutasti ? Prodeat conatus ille
tuus, et ego, volente Deo, eum infringam cras atque hodie. (Vietæ
Op. pag. 543.)

(2) Le 23 février 1603.

de Thou , assure que le débat se fût promptement terminé du vivant de Viète.

« Si ceux, dit-il, qui n'ont pas hésité à s'attaquer à l'homme mort, avaient osé, lui debout, élever la voix, ils auraient passé par les verges du maître (1). »

Il me reste maintenant, Messieurs, pour terminer, à vous dire encore quelques mots des autres travaux scientifiques du savant du Poitou, travaux dont la gloire, Dieu merci, n'a eu à subir aucune contradiction sérieuse.

Quoique les écrits scientifiques de Viète ne soient pas fort nombreux, ils lui assurent un rang hors ligne dans la petite phalange des hommes de génie qui méritent l'admiration et la reconnaissance de la postérité. A l'époque de Viète, il existait différentes méthodes particulières pour résoudre les problèmes de l'algèbre. L'Italie de la renaissance avait ajouté de nouvelles découvertes à celles des anciens, et reculé les limites connues de cette science. Le savant français substitua à ces règles isolées une méthode générale ayant pour but de résoudre tous les problèmes (2). Je vous en aurai, je pense, fait comprendre la portée et la valeur, en vous disant que cette magnifique conception du génie de Viète forme encore aujourd'hui la base de l'analyse mathématique moderne. La grande loi de l'homogénéité qui embrasse et domine toutes les mathématiques, l'emploi des lettres pour désigner non-seulement les inconnues d'une question, mais aussi les grandeurs connues et déterminées, le moyen ingénieux de résoudre les problèmes en n'établissant d'abord

(1) Nec qui mortuo barbam vellere non dubitarunt, eo superstite, si ausi essent, non vapulassent. (*Voir* l'appendice.)

(2) Fastuosum problema problematum ars analytice, jure sibi arrogat, quod est nullum non problema solvere ! (*Vietæ opera,* p. 12.)

aucune distinction entre les quantités connues et inconnues, enfin l'art de préparer, de transformer et de résoudre les équations : telles sont, bien imparfaitement résumées, les précieuses découvertes dont Viète a enrichi les mathématiques. Je passe sous silence d'autres inventions en géométrie et en trigonométrie qui eussent suffi à couvrir de gloire un autre savant, et sur lesquelles vous m'excuserez, j'en suis sûr, de ne pas entrer dans plus de détails. Tous ceux qui ont étudié les œuvres de l'excellent auteur poitevin, l'ont déclaré un de nos plus grands géomètres modernes. C'est par l'étude de ses travaux que se sont formés les illustres mathématiciens du xvii⁰ siècle. Dans la préface de l'Algèbre du mathématicien anglais Harriot, qui parut en 1631, Viète est cité comme l'homme qui, par son admirable habileté en mathématiques, a fait le plus grand honneur à la France (1). Enfin, plus de cent ans après l'apparition de ses premiers ouvrages, le savant anglais Edmond Halley l'a très-justement proclamé, aux applaudissements de l'Europe éclairée, le restaurateur et le promoteur de l'algèbre moderne (2).

Que pourrais-je, Messieurs, ajouter à ces éloges dont la partialité ne saurait être suspecte ?

Notre France, si grande par sa renommée littéraire et artistique, n'a pas, vous le voyez, acquis moins de gloire dans d'autres travaux qui ont moins de retentissement, il est vrai, mais exigent peut-être plus de vigueur et de pénétration des esprits qui s'y adonnent. Parmi les prédécesseurs des géomètres des deux siècles

----

(1) Vir clarissimus ob insignem in scientiis mathematicis peritiam, Galliæ gentis decus.

(2) Primus quidem ille algebræ hodiernæ repertor ac restaurator, Franciscus Vieta. (Transact. philos. 1687.)

derniers, nous venons de rencontrer un homme émi-
nent dans ces sciences mathématiques où la France a
continué depuis à briller d'un si vif éclat. Afin de con-
server à notre pays cette prééminence intellectuelle et
morale qu'il doit à tant de titres dans les genres les
plus divers, et défier toute comparaison avec les nations
rivales, nous n'aurions plus aujourd'hui besoin de
grandir, il nous suffirait de ne pas déchoir. Mais devant
cette jeunesse ardente au travail et sympathique à
toutes les idées grandes et généreuses, qui répond
d'ailleurs si bien aux vues élevées dont elle est l'objet et
aux soins qui l'entourent, je n'ai pas besoin d'exprimer
un tel souhait. Ceux qui ont vaillamment combattu
pour remporter aujourd'hui ces premières couronnes,
sauront plus tard, je n'en doute pas, soutenir l'ancien
renom du pays et se montrer les dignes héritiers de leurs
ancêtres. Puisse notre vieux et cher Poitou voir leur
front ceindre de nouveaux lauriers, et sa gloire se
perpétuer et rajeunir encore !

APPENDICE

—

NOTE

sur

LE CALENDRIER DE VIÈTE

I.

Je me propose de donner, dans cet appendice, une analyse un peu détaillée de cette œuvre à peu près inconnue du célèbre géomètre poitevin.

Affectons successivement à chacun des jours de l'année commune de 365 jours les 7 lettres A, B, C, D, E, F et G dites *dominicales*, et d'autre part l'un des 30 signes suivants appelés *épactes*, 29, 28, 27..... 2, 1 et X (1), en ayant soin de commencer le cycle des lettres à partir du 1er janvier, et celui des épactes à partir du 8 mars. En reproduisant périodiquement les épactes dans le même ordre, il ne faut compter qu'une fois sur deux le signe X (appelé douteux ou digamma par Viète) ; on formera facilement, au moyen de ces règles fort simples, le tableau suivant, qui constitue le calendrier perpétuel de Viète.

(1) Pour faciliter l'impression, on a représenté le signe X par ', dans le calendrier de Viète et dans les tableaux annexés à ce calendrier.

CALENDRIER PERPÉTUEL DE VIÈTE.

J. DU MOIS.	1	2	3	4	5	6	7	8	9	10	11	12	13	14	15	16	17	18	19	20	21	22	23	24	25	26	27	28	29	30	31
Janvier.	A	B	C	D	E	F	G	A	B	C	D	E	F	G	A	B	C	D	E	F	G	A	B	C	D	E	F	G	A	B	C
	25	24	23	22	21	20	19	18	17	16	15	14	13	12	11	10	9	8	7	6	5	4	3	2	1	*	29	28	27	26	25
Février.	D	E	F	G	A	B	C	D	E	F	G	A	B	C	D	E	F	G	A	B	C	D	E	F	G	A	B	C			
	24	23	22	21	20	19	18	17	16	15	14	13	12	11	10	9	8	7	6	5	4	3	2	1	29	28	27	26			
Mars.	D	E	F	G	A	B	C	D	E	F	G	A	B	C	D	E	F	G	A	B	C	D	E	F	G	A	B	C	D	E	F
	25	24	23	22	21	20	19	29	28	27	26	25	24	23	22	21	20	19	18	17	16	15	14	13	12	11	10	9	8	7	6
Avril.	G	A	B	C	D	E	F	G	A	B	C	D	E	F	G	A	B	C	D	E	F	G	A	B	C	D	E	F	G	A	
	5	4	3	2	1	*	29	28	27	26	25	24	23	22	21	20	19	18	17	16	15	14	13	12	11	10	9	8	7	6	
Mai.	B	C	D	E	F	G	A	B	C	D	E	F	G	A	B	C	D	E	F	G	A	B	C	D	E	F	G	A	B	C	D
	5	4	3	2	1	29	28	27	26	25	24	23	22	21	20	19	18	17	16	15	14	13	12	11	10	9	8	7	6	5	4
Juin.	E	F	G	A	B	C	D	E	F	G	A	B	C	D	E	F	G	A	B	C	D	E	F	G	A	B	C	D	E	F	
	3	2	1	*	29	28	27	26	25	24	23	22	21	20	19	18	17	16	15	14	13	12	11	10	9	8	7	6	5	4	
Juillet.	G	A	B	C	D	E	F	G	A	B	C	D	E	F	G	A	B	C	D	E	F	G	A	B	C	D	E	F	G	A	B
	3	2	1	29	28	27	26	25	24	23	22	21	20	19	18	17	16	15	14	13	12	11	10	9	8	7	6	5	4	3	2
Août.	C	D	E	F	G	A	B	C	D	E	F	G	A	B	C	D	E	F	G	A	B	C	D	E	F	G	A	B	C	D	E
	1	*	29	28	27	26	25	24	23	22	21	20	19	18	17	16	15	14	13	12	11	10	9	8	7	6	5	4	3	2	1
Septembre.	F	G	A	B	C	D	E	F	G	A	B	C	D	E	F	G	A	B	C	D	E	F	G	A	B	C	D	E	F	G	
	29	28	27	26	25	24	23	22	21	20	19	18	17	16	15	14	13	12	11	10	9	8	7	6	5	4	3	2	1	*	
Octobre.	A	B	C	D	E	F	G	A	B	C	D	E	F	G	A	B	C	D	E	F	G	A	B	C	D	E	F	G	A	B	C
	29	28	27	26	25	24	23	22	21	20	19	18	17	16	15	14	13	12	11	10	9	8	7	6	5	4	3	2	1	29	28
Novembre.	D	E	F	G	A	B	C	D	E	F	G	A	B	C	D	E	F	G	A	B	C	D	E	F	G	A	B	C	D	E	
	27	26	25	24	23	22	21	20	19	18	17	16	15	14	13	12	11	10	9	8	7	6	5	4	3	2	1	*	29	28	
Décembre.	F	G	A	B	C	D	E	F	G	A	B	C	D	E	F	G	A	B	C	D	E	F	G	A	B	C	D	E	F	G	A
	27	26	25	24	23	22	21	20	19	18	17	16	15	14	13	12	11	10	9	8	7	6	5	4	3	2	1	29	28	27	26
J. DU MOIS.	1	2	3	4	5	6	7	8	9	10	11	12	13	14	15	16	17	18	19	20	21	22	23	24	25	26	27	28	29	30	31

TABLE pour servir à trouver la lettre dominicale d'une année
grégorienne quelconque.

1700-2100, etc.		1800-2200, etc.		1900-2300, etc.									
D	BAG	F	DCB	A	FED	C	AGF	E	CBA	G	EDC	B	GFE
C		E		G		B		D		F		A	

—

1ʳᵉ *TABLE d'épactes, servant depuis le 15 octobre 1582 jusqu'à*
l'an 1700 exclusivement.

N. d'or.	1	2	3	4	5	6	7	8	9	10	11	12	13	14	15	16	17	18	19
Epactes.	7	18	29	10	21	2	13	24	5	16	27	8	19	*	11	22	3	14	25

—

2ᵉ *TABLE, servant depuis 1700 inclusivement jusqu'à l'an 1900*
exclusivement.

N. d'or.	1	2	3	4	5	6	7	8	9	10	11	12	13	14	15	16	17	18	19
Epactes.	6	17	28	9	20	1	12	23	4	15	26	7	18	29	10	21	2	13	24

—

3ᵉ *TABLE d'épactes, devant servir depuis 1900 inclusivement*
jusqu'à l'an 2200 exclusivement.

N. d'or.	1	2	3	4	5	6	7	8	9	10	11	12	13	14	15	16	17	18	19
Epactes.	5	16	27	8	19	*	11	22	3	14	25	6	17	28	9	20	1	12	23

Pour se servir de ce calendrier, il faut, avant tout, déterminer la *lettre dominicale* et l'*épacte* de l'année qu'on veut considérer. On appelle *lettre dominicale* celle des 7 lettres précédentes A, B, C, D, E, F et G, qui désigne tous les dimanches de l'année. On l'obtient immédiatement au moyen de la petite table précédente, comprenant 28 années successives.

Pour montrer l'usage de cette table : soit, par exemple, proposé de trouver la lettre dominicale de l'année 1868. On commencera à compter à partir de la 5e case, qui correspond aux années 1800, 1828, 1856, etc. Comme, en ajoutant 12 à 56, en forme 68, la lettre cherchée sera dans la 12e case qui suit, et où se trouvent les deux lettres E et D. L'année étant bissextile, la première lettre correspondra aux deux premiers, et la seconde aux dix derniers mois de l'année. Si la case où se trouvent deux lettres se rapportait à une année séculaire non bissextile, ce serait la lettre inférieure qui donnerait la seule lettre dominicale de l'année.

Pour avoir maintenant l'épacte, on cherchera en premier lieu le nombre d'or de l'année. Ce nombre s'obtient en prenant le reste de la division par 19 du millésime de l'année augmenté de un. On peut faciliter cette division au moyen d'une nouvelle petite table simple ; mais je crois inutile d'entrer dans plus de détails sur ce point. On trouvera ainsi que le nombre d'or correspondant à l'année 1868 est 7, attendu que 1862 est exactement divisible par 19, et que le nombre d'or de cette dernière année a été 1.

Au moyen du nombre d'or, on aura immédiatement l'épacte de l'année par l'une des tables données ci-dessus, qui font connaitre toutes les épactes depuis l'année 1582 de la réforme grégorienne jusqu'à l'an 2200.

L'usage de ces tables n'a pas besoin d'explication.

Pour l'an 1868, par exemple, dont le nombre d'or est 7, la seconde table donnera, au-dessous de 7, l'épacte 12, qui est celle de cette année. Tous les jours du calendrier de Viète qui, après le 7 mars, correspondent à l'épacte considérée, indiquent les nouvelles lunes de cette année. Les autres nouvelles lunes qui tombent avant le 8 mars sont données par l'épacte de l'année précédente. Ainsi, en 1868, les nouvelles lunes qui tomberont après le 7 mars seront celles du 25 mars, du 24 avril, etc. Celles du commencement de l'année seront données par l'épacte I ; elles auront lieu le 25 janvier et le 24 février. Un des principaux usages de ce calendrier est de déterminer le jour de l'année où doit être célébrée la fête de Pâques. On prendra pour cela le dimanche qui suit le 15ᵉ jour de la lunaison qui commence après le 7 mars. Ainsi, en 1868, cette lunaison commençant le 25 mars, la pleine lune tombera 14 jours après ou le 8 avril, et comme la lettre dominicale de l'année est D, le dimanche qui suit fixe au 12 avril le jour de Pâques de cette année.

Quand l'épacte de l'année sera marquée par le signe douteux X, on comptera comme jours de nouvelles lunes ceux qui, dans le calendrier, sont affectés de ce signe, et ceux qui correspondent à l'épacte intermédiaire 29 comprise entre deux signes X consécutifs.

Enfin le jour intercalaire des années bissextiles doit être placé entre le 24 et le 25 février, et on compte dans ces années deux fois de suite le jour de la Saint-Mathias, selon l'usage du calendrier romain actuel. On obtient ainsi les 29 jours donnés au mois de février dans toutes les années bissextiles.

Toutes les prescriptions précédentes ont pour but d'assurer un ordre de succession simple et régulier aux lunaisons dans la suite des siècles. Bien que je me sois borné à donner trois cycles d'épactes, on voit comment on devra continuer à former d'autres cycles, et Viète a donné une méthode pour les obtenir jusqu'en l'an 5000.

Dans le calendrier de Viète, aucune lunaison ne dépasse 30 jours, ni n'est inférieure à 29 jours. Elles sont alternativement de 30 et de 29 jours, sauf les 13ᵉˢ lunaisons des années dites *embolismiques* ou contenant 13 nouvelles lunes, qui ont ordinairement 30 jours, ainsi que les 12ᵉˢ lunaisons qui tombent à la fin de février dans les années bissextiles.

Il faut aussi avoir soin d'éviter de faire coïncider le changement du cycle d'épactes avec une année embolismique, ce qui est toujours facile, vu le petit nombre relatif de ces sortes d'années ; sans cette précaution, on serait exposé, dans des cas extrêmement peu nombreux, à compter un mois de 31 jours à la fin d'un siècle.

II.

Je vais maintenant examiner les principales objections formulées par Clavius contre le calendrier de Viète, dans le chap. 24 de son grand ouvrage sur le calendrier grégorien , et montrer qu'elles sont sans aucun fondement.

1° Clavius observe que les jours marqués X sont à tort privés à perpétuité du privilége d'indiquer des nouvelles lunes. Il est cependant visible que cela a lieu lorsque l'épacte d'une année est fournie par ce signe X. Ce qui a motivé l'objection de Clavius, c'est sans doute que ce dernier suit trop à la lettre une autre règle donnée par Viète pour ce cas particulier, et dont je parlerai bientôt. Le défaut signalé ne saurait, du reste, avoir d'importance réelle que si on prouvait par là que quelques nouvelles lunes sont mal indiquées ; mais ce n'est pas ce que dit ou fait voir Clavius.

2° Le même savant ajoute que, malgré les précautions de Viète , il existe encore dans son calendrier des lunaisons de 31 jours. Il cite d'abord , comme exemple , les deux nouvelles lunes successives qui tombent le 24 février et le 26 mars de l'année 1648. Effectivement, en comptant 29 jours pour le mois de février de cette année, qui est bissextile, le mois lunaire compris dans cet intervalle serait de 31 jours. Mais Clavius place mal le jour intercalaire de l'année, qui tombe, par les règles de Viète, précisément sur ce jour intercalaire, le 25e de février, ou jour de la Saint-Mathias. En ordonnant bien les lunaisons de l'année 1647, qui a pour épacte X, on trouve que les lunaisons devaient commencer le 6 avril, le 6 mai, le 4 juin , et que les 3 premières nouvelles lunes de 1648 ont dû avoir lieu le 26 janvier, le 25 février et le 26 mars.

L'exception signalée ici par Clavius, et qui ne peut se rencontrer que dans des cas très-rares, provient de deux confusions causées d'un côté par l'ambiguïté du signe X, et de l'autre par la position affectée au jour intercalaire dans le calendrier romain. Viète, pour ne pas multiplier le nombre des signes épactes de l'année, observe qu'il est indifférent, en général, de remplacer l'épacte X par l'une des deux épactes voisines 1 ou 29, et il donne une règle pour distinguer laquelle de ces deux dernières est plus approchée de X. Si le nombre d'or est 10 ou moindre que 10, on prendra 29 pour X ; dans le cas contraire, il vaut mieux prendre l'épacte 1. Mais, dans les cas où se présenterait une difficulté analogue à la précédente, on peut la faire disparaître en donnant à l'épacte sa signification rigoureuse, et en opérant comme il a été dit ci-dessus.

3º Clavius remarque qu'on obtiendrait encore un mois de 31 jours à la fin d'un siècle, par le changement du cycle des épactes, si l'année où on l'effectue était embolismique. Si ce savant avait examiné avec attention le tableau donné par Viète, il aurait vu que ces deux circonstances ont été scrupuleusement évitées, et qu'il était extrêmement facile de le faire.

4° Toutes les autres objections de Clavius sont aussi faibles que la précédente. Ainsi Clavius trouve que Viète compte des mois lunaires de 28 jours, et voici comment : supposons, dit Clavius, que le nombre d'or d'une certaine année soit 19, et que l'épacte correspondante soit un nombre plus petit que 18, l'année suivante aura pour nombre d'or 1 et une épacte plus grande de 12 unités. Ainsi, si la première épacte est 17, la seconde sera 29. D'où Clavius conclut que la 12e lunaison de la première année, supposée de 365 jours, serait composée de 28 jours seulement. Clavius commet ici une erreur grave. Quand Viète ajoute 12 à l'épacte d'une année pour former l'épacte suivante, ce qui ne lui arrive qu'une fois en 19 ans, il a soin de passer en même temps par une année embolismique, et de compter une 13e lunaison de 29 jours en effectuant ce passage.

Voici comment il faudrait, en conséquence, composer le cycle dans lequel l'épacte 17 correspond au nombre d'or 19.

N. d'or.	1	2	3	4	5	6	7	8	9	10	11	12	13	14	15	16	17	18	19
Epactes	28	10	21	2	13	24	5	16	27	8	19	*	11	22	3	14	25	6	17

Mais alors la difficulté signalée par Clavius disparaît complétement. Au lieu de ce cycle, Clavius pense à tort que Vièto en emploie un autre, qui diffère du précédent en ce que la première épacte 28 serait d'une unité plus grande ou égale à 29. Un tel cycle comprendrait, ainsi qu'on s'en assure aisément, outre les jours intercalaires des années bissextiles, 6,936 jours, c'est-à-dire un jour de plus que celui dont il est permis de faire usage. Si Viète eût commis l'erreur en question, elle serait bien plus grave que le pensait Clavius, car, en ajoutant ainsi indûment un jour de trop à l'âge de la lune tous les 19 ans, il en résulterait qu'au bout de moins de 300 ans, les nouvelles lunes seraient indiquées comme jours de pleine lune, et *vice versá*. L'absurdité de ce résultat en fait tout de suite sentir l'impossibilité.

5° Outre les mois de 28 jours que Clavius trouvait dans le calendrier de Viète, en faisant usage d'un cycle d'épactes impossible, le savant jésuite, allant encore plus loin, a prévu des mois de 27 jours qui doivent terminer certains siècles. Supposons, dit-il, que la dernière année d'un siècle ait pour nombre d'or 19 et pour épacte 16, l'année séculaire qui suivra aura pour nombre d'or 1 et pour épacte 28 (en réalité 27, comme il a été dit plus haut). Mais, par le changement du cycle d'épactes, il faudra, selon Clavius, augmenter de 1 la nouvelle épacte, qui deviendra ainsi 29 ; d'où il conclut que la 12ᵉ lunaison de l'année précédente sera composée de 27 jours. Mais Clavius commet ici une nouvelle erreur. Par le changement du cycle, l'épacte *diminue* de 1, au lieu d'*augmenter* de ce nombre, comme le veut le contradicteur de Viète, par une inadvertance singulière, et cette erreur matérielle détruit toute son argumentation. Il est bien vrai que, dans des cas extrêmement rares, Viète ajoute 1 aux épactes du cycle précédent pour former un cycle nouveau ;

mais c'est en passant par une année séculaire bissextile, ce qui n'a alors aucun inconvénient.

Le changement du cycle d'épactes ne se fait pas, au surplus, tous les cent ans, mais à peu près tous les deux ou trois siècles, et il est toujours possible de l'effectuer de manière à éviter de passer par une lunaison de 28 ou de 31 jours; et c'est d'ailleurs ce qu'a fait Viète au moyen du tableau annexé à son calendrier, et qui s'étend jusqu'à l'an 5000. Cette simple remarque suffit pour détruire toutes les objections vagues et mal formulées que Clavius a accumulées, et qui n'ont pas plus de force que les précédentes.

Je crois inutile de pousser plus loin cet examen. J'espère, par ce que je viens de dire, avoir disculpé la mémoire de Viète du reproche d'être tombé dans les fautes graves et honteuses signalées par son adversaire Clavius (1), et qui ont trouvé une grave confirmation dans ce passage de l'*Histoire des mathématiques* du célèbre Montucla (2), que je crois devoir transcrire textuellement :

« Viète se trompa surtout dans le calendrier qu'il adressa en
» 1600 au pape Clément VIII, prétendant qu'il répondait mieux
» à toutes les conditions énoncées dans la bulle de Grégoire XIII,
» et que, par cette raison, c'était le sien qui était véritablement le
» calendrier grégorien. Nous le dirons avec regret pour la mé-
» moire de cet homme illustre, cet ouvrage n'est aucunement
» digne de lui, et son calendrier, qu'il vante comme si supérieur
» à celui de Clavius, contient plusieurs *absurdités. Telles sont
» celles de faire quelquefois les lunaisons de 27 ou de 28 jours
» seulement, d'autres fois de 32; de ne donner aucun caractère
» de nouvelle lune à certains jours de l'année*, quoique, par
» l'anticipation de la lune, il n'y ait point de jour dans la suite
» des siècles où il ne doive arriver une nouvelle lune. *Aussi*

(1) « Ejus (Vietæ) turpissimos lapsus detegere cogor... etc. Sane absurda sunt quæ modo recensui. » — Pages 511 et 512 du 5e volume des Œuvres de Christophorus Clavius.

(2) Chapitre relatif au Calendrier, t. i, p. 683.

» *Clavius lui répond-il avec force et solidité* dans son *Traité*
» *sur le calendrier grégorien.* »

On voit que Montucla ne fait, dans ce passage, que reproduire
les objections de Clavius dont j'ai parlé plus haut.

En résumé, Viète s'était proposé de résoudre le problème
suivant :

« En admettant que le mouvement de la lune est rigoureu-
» sement uniforme, et qu'on ne change rien à l'ordre d'inter-
» calation des années bissextiles institué dans le calendrier
» grégorien, indiquer le plus exactement possible le jour de la
» pleine lune qui suit le 21 mars de chaque année grégo-
» rienne, de manière à ne compter, dans la suite des siècles,
» que des lunaisons de 29 et de 30 jours, malgré l'insertion
» du jour intercalaire des années bissextiles. »

Ce problème purement mathématique présente des difficultés
réelles (1) que Clavius n'a pas su vaincre, en cherchant à concilier
le mouvement du soleil et celui de la lune.

« Dum kalendaria dirigunt ad cursum solis computatores,
deluduntur in cursu lunæ, et contrà (2). »

Je pense, contrairement aux assertions du savant jésuite,
controlées peut-être un peu trop légèrement par Montucla, que
Viète a non-seulement été plus heureux, mais qu'il a complétement et très-habilement résolu ce problème. J'espère que
les savants qui voudront bien étudier de nouveau cette intéressante question, sans aucun parti pris, et en laissant de côté tout
ce qui lui est accessoire ou étranger, partageront cette opinion
que j'émets avec une confiance pleine et entière dans la réhabi-
litation tardive du géomètre poitevin.

(1) Omnis in iis ordinandis et adæquandis labor. (Viète, p. 435.)
(2) Vietæ opera, p. 503.

Poitiers. — Imp. A. Dupré.

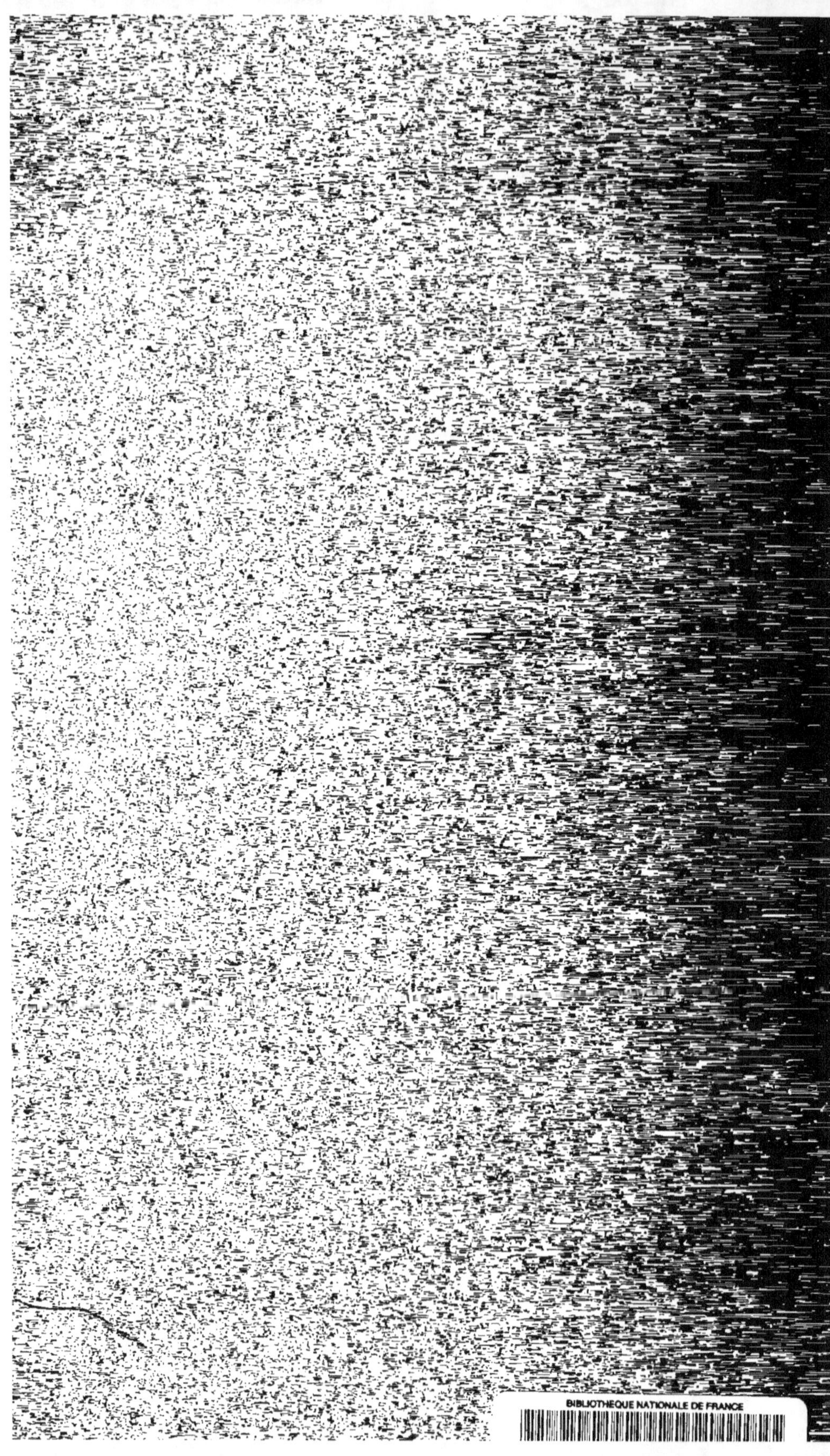